CONVERSATIONAL FRENCH DIALOGUES

OVER 100 CONVERSATIONS AND SHORT STORIES TO LEARN THE FRENCH LANGUAGE. GROW YOUR VOCABULARY WHILST HAVING FUN WITH DAILY USED PHRASES AND LANGUAGE LEARNING LESSONS!

LANGUAGE MASTERY

Copyright © 2022 by Language Mastery

- All rights reserved.

No part of this book may be reproduced in any form or by any electronic or mechanical means, including information storage and retrieval systems, without written permission from the author, except for the use of brief quotations in a book review.

CONTENTS

Introduction ... vii

1. THE BIRTHDAY GIFT ... 1
   Emotions
   Words to Remember ... 4
   Questions ... 5
   Answers ... 6
   English Translation ... 6

2. THE FINAL CHOICE ... 11
   Present Tense Verbs
   Summary ... 14
   Words to Remember ... 14
   Questions ... 15
   Answers ... 16
   English Translation ... 17

3. HIDE AND SEEK ... 21
   House And Furniture
   Summary ... 25
   Words to Remember ... 26
   Questions ... 27
   Answers ... 29
   English Translation ... 29

4. THE SEARCH ... 35
   Question Words
   Summary ... 39
   Words to Remember ... 39
   Questions ... 40
   Answers ... 41
   English Translation ... 42

5. THE WEEKEND 47
Likes & Dislikes
Summary 51
Words to Remember 51
Questions 52
Answers 53
English Translation 54

6. THE ADVENTURE 59
Prepositions + To Be/To Have
Summary 62
Words to Remember 62
Questions 63
Answers 65
English Translation 65

Conclusion 69
Also by Language Mastery 73

INTRODUCTION

Language is an irreplaceable part of human life. Just imagine for a moment that you wake up one morning and cannot speak your own language. How would your life be? How would you feel? Wouldn't life feel like a total mess? While knowing a language is essential, knowing more than one could be a competitive advantage for you. You will be able to communicate easily with more people and this can help you greatly in improving the quality of both your personal as well as professional life. What's more? Learning a new language is excellent for your brain. It is like a workout for the mind and can help you stay younger mentally.

Learning a new language isn't as hard as it seems. Learning can take place outside the classroom too. All you need is patience, lots of hard work, and regular practice. This book can be your guiding light and helping hand that you need on your language learning journey.

CREATED FOR BEGINNERS

This book is geared toward beginners. You will learn a new language through the adventures of Jack and Rose, a young British boy and a Swiss girl. It is divided into 17 chapters. As you walk with them through their various life experiences, you will not only be thoroughly entertained but will also get to learn loads of commonly used phrases and words to enrich your vocabulary.

This book can provide you with a really fun learning experience and will immerse you into a new language in the most interesting way.

THE BENEFITS OF LEARNING A NEW LANGUAGE

Learning a language is one of the most complete cognitive exercises: memory is activated while new neural connections are formed as we move from one language to another. Studying a foreign language increases language, reasoning, abstraction, and calculation skills. In addition to this, knowing more than one language opens up a whole new world to you: from being able to communicate with a larger audience, or opening your access to new job opportunities and relationships.

HOW TO USE THIS BOOK

Each chapter is divided into five sections. The first section contains the story. This is followed by a brief summary of the story. Next, you will find a list of important words that you must remember to increase your fluency, efficiency, and flow with this new language. Following this will be a section containing five questions based on the story. The final section will have answers to these questions. Whether you are 15 or 55, learning a new language using this book is going to be extremely easy and interesting.

Start by reading the story. Don't pressure yourself too much and just try to understand and absorb as much as you can in your first read. It is normal to not be able to understand every word. You are learning a new language after all. Read the summary next to confirm your understanding of the story. Try to remember the words/phrases listed under the "words to remember" category. Finally, check your knowledge and understanding by trying to answer the questions at the end of every chapter. Check your solutions with the answer key provided to see how many questions you got right. Try to learn from your mistakes and move on to the next chapter. As you progress from one chapter to the next, you will see your grasp of the new language gradually improve.

READ AND LISTEN

We highly recommend you buy the audio version of this book. If you choose to listen to the audiobook, you will hear a native English speaker narrating each story before or during reading. Reading along will help you become accustomed to their accent, which will be helpful when applying your new language skills in real-life situations.

Don't wait anymore. Put all your fears and apprehension away and set foot on this amazing language learning journey today!

1
THE BIRTHDAY GIFT
EMOTIONS

Jack est tout seul dans les rues du petit village. L'homme en uniforme retourne à son travail dans les chemins de fer après le petit déjeuner. Jack n'a rien à **faire** de toute la journée, alors il décide d'aller acheter des cadeaux pour la fête d'anniversaire de Kathryn. Kathryn et Jack sont amis depuis l'enfance, mais pour Jack, Kathryn est plus qu'une amie. Il est secrètement amoureux d'elle, mais Kathryn ignore ses sentiments pour elle. Il l'aime mais il est **nerveux** et **anxieux** d'exprimer son affection. Il craint qu'elle ne dise « non ». Il découvre qu'il y a un bon magasin sur l'autoroute à l'extérieur du village et décide d'y aller.

Jack est très **excité** par l'anniversaire de Kathryn. Il arrive au magasin, et ses yeux tombent sur une affiche. Il aime la robe dans l'affiche et la fille qui la porte ressemble aussi beaucoup à Kathryn. Donc, Jack va dans le magasin à la recherche de la même robe. Il est très **confiant** que Kathryn va l'aimer. Le magasin est énorme. Il y a quatre étages et la plaque signalétique à l'extérieur indique, monsieur et madame Proud. Il est **surpris** de voir un magasin aussi luxueux dans cet endroit éloigné.

« Excusez-moi », dit-il en marchant vers le personnel des ventes. « Où puis-je voir la robe qui est sur l'affiche à l'extérieur? »

La femme a l'air très en colère et **ennuyée**. Elle ne dit rien et pointe vers l'ascenseur. Jack suppose que la robe est au premier étage, alors il se retourne et commence à marcher vers l'ascenseur. Il appuie sur le bouton et attend. Autour de l'ascenseur se trouve un grand nombre de livres. Jack lit les titres et un livre capte son attention. Il se rapproche et le ramasse sur l'étagère. Le titre dit, ***Intéressé** par une femme mais ne sait pas comment le dire? Lisez-moi*. Jack **espère** que ce livre lui sera utile. Il décide de l'acheter.

L'ascenseur arrive et les portes s'ouvrent. Il entre et deux jeunes filles le suivent. Les portes de l'ascenseur se ferment et au même moment, le téléphone de Jack sonne. C'est un appel vidéo de Kathryn. Jack est super **heureux**. Il élabore un plan rapide pour tester ce que Kathryn ressent pour lui. Il répond au téléphone et s'assure que l'une des deux filles dans l'ascenseur est dans son cadre.

« Si Kathryn s'informe au sujet de cette fille, cela signifie qu'elle est **jalouse**. Et si elle est jalouse, cela signifie qu'elle m'aime aussi secrètement », se dit Jack.

Kathryn est **furieuse** parce qu'elle a l'impression que Jack n'assistera pas à sa fête d'anniversaire. Jack lui parle d'un ton affectueux et lui assure qu'il sera là pour la fête. Jack lui raconte les aventures de son voyage et elle **s'amuse**. Elle ne semble même pas un tantinet **curieuse** de connaître la fille. Cela rend Jack un peu **triste** et il se retire momentanément, mais il se compose rapidement et se lance dans la recherche de ce cadeau parfait pour sa femme spéciale.

Les portes de l'ascenseur s'ouvrent et les deux filles

sortent. Jack les suit simplement sans prêter beaucoup d'attention à l'environnement. Toute sa concentration est centrée sur l'image d'affichage WhatsApp de Kathryn. La photo contient Kathryn avec un garçon et deux filles, et la présence du garçon rend Jack très **envieux**. Jack ne supporte pas ça et il est **déterminé** à trouver qui est ce garçon.

« Laissez-moi le traquer sur Instagram », se dit-il en commençant ses recherches.

Il continue à marcher et à chercher simultanément. Soudain, la voix d'une femme l'appelle. Elle est le personnel de vente là-bas.

« Excusez-moi, monsieur ! C'est un secteur réservé aux femmes. Cherchez-vous quelqu'un? »

Jack lève les yeux, extrêmement **gêné** et **honteux**. Il s'excuse rapidement auprès de la femme et quitte la salle.

« Oh, mon Dieu ! C'était tellement **stupide** », se dit Jack.

Tous les autres clients à cet étage étaient **en colère** contre le personnel des ventes. Ils commencent à se plaindre d'elle à son gestionnaire. Le manager s'énerve contre elle et Jack se sent très coupable de la position dans laquelle il l'a mise.

Il se compose et sans se laisser **distraire** par quoi que ce soit, il retourne à l'ascenseur. L'homme sur la photo de Kathryn est toujours dans son esprit. Il est **perturbé** et a très **peur** de la perdre.

Summary

Jack se rend dans un magasin près du village pour acheter un cadeau d'anniversaire à Kathryn. Il a le béguin pour elle. Il aime une robe dans une affiche à l'extérieur du magasin et décide d'acheter la même pour Kathryn. Comme il va chercher la robe dans le magasin, il se retrouve dans une zone entièrement féminine à son insu. La raison de la négligence de Jack est sa jalousie. Il remarque un garçon sur la photo de Kathryn WhatsApp et il est bouleversé.

WORDS TO REMEMBER

1. **Intéressé** - Interested
2. **Ennuyait/ennuyée** - Bored
3. **Content/heureux** - Happy
4. **Anxieux** - Anxious
5. **Nerveux** - Nervous
6. **Confiant** - Confident
7. **Excité** - Excited
8. **Perturbé** - Disturbed
9. **En colère** - Angry
10. **Distraits** - Distracted
11. **Triste** - Sad
12. **Honteux** - Ashamed
13. **Embarrassé/gêné** - Embarrassed
14. **Surpris** - Surprised
15. **Espère** - Hopeful
16. **Curieuse** - Curious
17. **Amusé** - Amused
18. **Jaloux/jalouse** - Jealous
19. **Envieux** - Envious
20. **Furieux/furieuse** - Enraged
21. **Stupide** - Stupid

22. **Déterminé** - Determined
23. **Peur** - Afraid

QUESTIONS

1. Quel est le nom du magasin que Jack visite?

- a. M. et Mme Pompous
- b. Le monde des femmes
- c. Le royaume de la robe
- d. M. et Mme Proud

2. Que voit Jack à l'extérieur du magasin?

- a. Une voiture
- b. Un homme
- c. Un étal d'aliments
- d. Une affiche

3. Qu'est-ce que Jack veut acheter pour Kathryn?

- a. Des chaussures
- b. Un sac à main
- c. Une robe
- d. Des pinces à cheveux

4. Qui appelle Jack?

- a. Rose
- b. Sa mère
- c. Kathryn
- d. Son patron

5. Qu'est-ce que Jack décide d'acheter pour lui-même en attendant l'ascenseur?

- a. Un livre
- b. Un stylo
- c. Un téléphone mobile
- d. Une paire de lunettes de soleil

ANSWERS

1. **d.** M. et Mme Proud
2. **d.** Une affiche
3. **c.** Une robe
4. **c.** Kathryn
5. **a.** Un livre

ENGLISH TRANSLATION

Jack is all alone on the streets of the little village. The man in the uniform returns to his work in the railways after breakfast. Jack has nothing to do all day, so he decides to go gift shopping for Kathryn's birthday party. Kathryn and Jack have been friends since childhood, but for Jack, Kathryn is more than a friend. He is secretly in love with her, but Kathryn is unaware of his feelings for her. He loves her but he's nervous and anxious about expressing his affection. He fears that she might say "no." He finds out about a good store on the highway outside the village and decides to go there.

Jack is very excited about Kathryn's birthday. He reaches the store, and his eyes fall on a poster. He loves the dress in the poster and the girl wearing it also looks very similar to Kathryn. So Jack goes inside the store in search of the same dress. He's very confident that Kathryn will like it. The store is huge. It has four floors and the nameplate outside reads, Mr. and Mrs. Proud. He is surprised to see such a plush store in that remote place.

"Excuse me," he says walking towards the sales staff. "Where can I see the dress which is on the poster outside?"

The woman looks very angry and bored. She says nothing and just points towards the elevator. Jack assumes the dress is on the first floor, so he turns around and starts walking towards the elevator. He pushes the button and waits. Around the elevator are a large number of books. Jack reads the titles and one book captures his attention. He goes closer and picks it up from the shelf. The title reads, Interested in a woman but don't know how to say it? Read me. Jack is hopeful that this book will be of help to him. He decides to buy it.

The elevator arrives and the doors open. He walks in and two young girls follow him. The doors of the elevator close and at that instance, Jack's phone rings. It's a video call from Kathryn. Jack is super happy. He hatches a quick plan to test what Kathryn feels for him. He answers the phone and makes sure one of the two girls in the elevator is in his frame.

"If Kathryn enquires about this girl, that means she's jealous. And if she is jealous, it means she secretly loves me as well," Jack thinks to himself.

Kathryn is enraged because she is under the impression that Jack will not be attending her birthday party. Jack speaks to her in a loving tone and assures her that he will be there for the party. Jack narrates the adventures of his journey to her and she is amused. She doesn't seem even a tad curious to know about the girl. This makes Jack a bit sad and he momentarily becomes withdrawn, but he soon composes himself and embarks on finding that perfect gift for his special woman.

The doors of the elevator open, and the two girls step out. Jack simply follows them without paying much attention to the surroundings. His entire concentration is centered on Kathryn's WhatsApp display picture. The picture contains Kathryn along with a boy and two girls, and the presence of the boy makes Jack very envious. Jack cannot stand this and he's determined to find out who that boy is.

"Let me hunt him down on Instagram," he thinks to himself and begins his search.

He continues walking and searching simultaneously. Suddenly, a woman's voice calls out to him. She is the sales staff there.

"Excuse me, sir! This is a women-only area. Are you looking for someone?"

Jack looks up, and he's extremely embarrassed and ashamed. He quickly apologizes to the woman and leaves the floor.

"Oh, God! That was so stupid," Jack thinks to himself.

All the other customers on that floor or angry at the

sales staff. They start complaining about her to her manager. The manager gets mad at her and Jack feels very guilty about the position he's put her in.

He composes himself and without allowing himself to get distracted by anything, he gets back to the elevator. The man in Kathryn's display picture is still on his mind. He's disturbed and very afraid that he might lose her.

2
THE FINAL CHOICE
PRESENT TENSE VERBS

Jack est toujours au magasin. Il **veut** désespérément **acheter** un cadeau incroyable pour l'anniversaire de Kathryn et il n'y a pas d'autre magasin autour. Il retourne au rez-de-chaussée et décide de **regarder** autour à chaque étage.

« Qu'aimeriez-vous **voir**, monsieur ? » demande une vendeuse blonde qui travaille au magasin à Jack.

Jack **marche** vers le comptoir où se trouve la femme. Il y a un certain nombre de parfums sur l'étagère dans de belles bouteilles de différentes formes. Jack aime les formes. Il prend une bouteille qui est en forme de fleur de rose pour **sentir** le parfum.

« Vous pouvez **essayer** le testeur, monsieur. Ce que vous avez en main est une nouvelle pièce. Les clients ne sont pas autorisés à les utiliser avant l'achat », **raconte** la femme à Jack et lui **donne** le testeur.

Jack **prend** le testeur et vaporise un peu sur sa main. L'odeur est céleste. Jack veut **connaître** le prix avant de pouvoir décider. Il prend la nouvelle bouteille pour voir le prix, mais il n'en est pas question ici.

« Quel est le prix de celui-ci ? » **demande**-t-il à la femme.

« Ça coûte 150 euros », lui dit-elle.

Jack **pense** que c'est cher. Il entend soudainement de la musique douce jouer de la bouteille.

« Est-ce une bouteille musicale ? » demande Jack, surpris.

« Oui, monsieur. La musique joue quand vous touchez le couvercle », **dit**-elle.

Jack **touche** le couvercle et la musique commence à jouer. Il se **sent** bien avec la bouteille.

« Est-ce que cela **utilise** des piles ? » demande Jack.

« Non, monsieur. Il s'agit d'une nouvelle technologie. Tant qu'il y a du parfum dans la bouteille, la musique retentit chaque fois que vous touchez le couvercle. Si vous **revenez** nous voir une fois que votre bouteille est vide, nous pouvons la remplir à nouveau pour vous », répond-elle.

« Mais je vis au Royaume-Uni ! »

« Ne vous inquiétez pas. **Appelez**-nous et nous vous enverrons un sac de recharge par la poste. Vous pouvez facilement le remplir vous-même. C'est très facile. »

« C'est incroyable ! Mais c'est très cher. Avez-vous une offre de rabais ? »

« Pas pour le moment », répond la femme.

« D'accord. S'il vous plaît, pouvez-vous **garder** cela de côté pour moi. « Je veux jeter un coup d'œil au reste des produits du magasin avant de prendre ma décision », dit Jack à la femme.

Il s'avance et trouve des étagères pleines de produits de beauté pour les femmes. Il y a des vernis à ongles, des rouges à lèvres et une foule d'autres produits cosmétiques. Jack est confus. Il ne connaît rien au maquillage. Il essaie de **comprendre** les produits en lisant les étiquettes, mais il a beaucoup de difficulté à choisir la bonne.

Jack **va** ensuite au premier étage. La vendeuse l'accompagne. Il se rend compte qu'il n'était pas à cet étage auparavant.

« C'était le quatrième étage, monsieur. C'est un salon de beauté et un spa réservés aux femmes », explique la vendeuse avant que Jack ne dise quoi que ce soit.

Jack sourit et va de l'avant. La région est pleine de belles robes. Jack est hypnotisé. Il **devient** très excité alors qu'il se tient là en imaginant Kathryn dans toutes ces robes. Il regarde attentivement autour de lui pour voir s'il peut **trouver** la robe de l'affiche à l'extérieur du magasin. Après quelques recherches, il **voit** enfin la robe exacte.

« C'est ce que je cherchais. J'ai **besoin** d'une petite taille dans cette robe, s'il vous plaît », dit Jack.

« Bien sûr, monsieur, » dit la femme et **apporte** une petite taille pour Jack de la réserve. « Est-ce que ce sera tout ? Ou cherchez-vous à **acheter** quelque chose de plus ? »

« Non. C'est à peu près tout. Le parfum et cette robe. »

« Bon choix ! »

« Et beaucoup d'argent aussi ! Mais c'est bien. Elle sera très heureuse », dit Jack.

« Est-ce quelqu'un de spécial ? » demande la femme avec un grand sourire.

Jack sourit avec charme et hoche la tête.

« Alors, je vais vous donner un beau papier cadeau », dit la femme en un clin d'œil.

Jack effectue le paiement et regarde la vendeuse emballer les cadeaux de façon créative dans du papier glacé.

SUMMARY

Jack fait le tour du même magasin à la recherche d'un cadeau pour Kathryn. Avec l'aide d'une vendeuse blonde, il trouve un bon parfum, mais son cœur est toujours fixé sur la robe de l'affiche. Après quelques recherches, il trouve la robe et est heureux de trouver de merveilleux cadeaux pour Kathryn.

———

WORDS TO REMEMBER

-
   1. **Regarder** - To look
   2. **Faire** - To make
   3. **Apporter** - To bring
   4. **Acheter** - To buy
   5. **Trouver** - To find
   6. **Devenir (devient)** - To become
   7. **Dire (dit)** - To say
   8. **Raconter** - To tell
   9. **Demander** - To ask
   10. **Voir (voit)** - To see
   11. **Entendre** - To hear
   12. **Sentir** - To smell
   13. **Toucher** - To touch
   14. **Prendre (prend)** - To take
   15. **Comprendre** - To understand
   16. **Choisir** - To choose
   17. **Marcher** - To walk
   18. **Sentir** - To feel
   19. **Travailler** - To work
   20. **Garder** - To keep

21. **Essayer** - To try
22. **Vouloir (veut)** - To want
23. **Penser** - To think
24. **Utiliser** - To use
25. **Savoir-Connaître** - To know
26. **Donner** - To give
27. **Venir/revenir** - To come
28. **Appeler** - To call
29. **Faire** - To do
30. **Avoir besoin** - To need
31. **Obtenir** - To get
32. **Aller (va)** - To go

QUESTIONS

1. Qui aide Jack à faire les courses?

- a. Une femme blonde
- b. Une jolie femme
- c. Un vieil homme
- d. Un jeune homme

2. Quelle est la forme du parfum choisi par Jack?

- a. Ronde
- b. Rose
- c. Carré
- d. Sac

3. Qu'est-ce qui rend le parfum unique?

- a. Il est bon marché
- b. Il est musical
- c. Il est coûteux
- d. Il est automatique

4. Où Jack trouve-t-il la robe de l'affiche?

- a. Au premier étage du magasin
- b. Au deuxième étage du magasin
- c. Au troisième étage du magasin
- d. Au quatrième étage du magasin

5. Que fait la femme blonde avec les cadeaux?

- a. Elle les envoie à Kathryn.
- b. Elle les enveloppe de papier glacé
- c. Elle refuse de les vendre à Jack
- d. Elle les détruit

―――

ANSWERS

1. **a.** Une femme blonde
2. **b.** Rose
3. **b.** Il est musical
4. **a.** Au premier étage du magasin

5. **b.** Elle les enveloppe de papier glacé

ENGLISH TRANSLATION

Jack is still at the store. He desperately wants to buy an amazing gift for Kathryn's birthday and there is no other store around. He returns back to the ground floor and decides to look around each floor.

"What would you like to see sir?" a blond saleswoman asks Jack.

Jack walks towards the counter where the woman is. There are a number of fragrances on the shelf in beautiful bottles of different shapes. Jack likes the shapes. He picks up one bottle that is in the shape of a rose flower to smell the fragrance.

"You can try the tester sir. What you have in your hand is a new piece. Customers are not allowed to use these before purchase," the woman tells Jack and gives him the tester.

Jack takes the tester and sprays a little on his hand. The smell is heavenly. Jack wants to know the price before he can decide. He picks up the new bottle to see the price, but there is no mention of it there.

"What is the price of this one?" he asks the woman.

"This costs €150," she tells him.

Jack thinks it's expensive. He suddenly hears soft music playing from the bottle.

"Is this a musical bottle?" Jack asks in surprise.

"Yes, sir. Music plays when you touch the lid," she says.

Jack touches the lid and the music starts playing. He feels good about the bottle.

"Does this use batteries?" Jack enquires.

"No, sir. This is a new technology. As long as there is perfume in the bottle, the music will play every time you touch the lid. If you come back to us once your bottle is empty, we can refill it for you," she replies.

"But I live in the UK!"

"No worries. Just call us, and we will send you a refill pack by mail. You can easily fill it up yourself. It is very easy."

"This is amazing! But it's very expensive. Do you have a discount offer?"

"Not at the moment," the woman replies.

"Ok. Please keep this aside for me. I want to have a look at the rest of the products in the store before I make the final call," Jack says to the woman.

He walks ahead and finds shelves full of beauty products for women. There are nail varnishes, lipsticks, and a host of other cosmetic products. Jack is confused. He knows nothing about makeup. He tries to understand the products by reading the labels, but he finds it very difficult to choose the right one.

Jack then goes to the first floor. The saleswoman accompanies him. He realizes he was not on this floor previously.

"That was the fourth floor, sir. It's a women's only beauty salon and spa," the saleswoman explains before Jack says anything.

Jack smiles and moves ahead. The area is full of beautiful dresses. Jack is mesmerized. He becomes very excited as he stands there imagining Kathryn in all those dresses. He looks around carefully to see if he can find the dress from the poster outside of the store. After a bit of searching, he finally sees the exact dress.

"This is what I have been looking for. I need a small size in this dress, please," Jack says.

"Sure, sir," the woman says and brings a small size for Jack from the storeroom. "Will this be all? Or are you looking to buy something more?"

"No. That's about it. The perfume and this dress.".

"Good choice!"

"And a lot of money too! But it's fine. She'll be very happy," Jack says.

"Is it someone special?" the woman asks with a wide smile.

Jack smiles charmingly and nods.

"Then I will give you a beautiful gift wrap," the woman says with a wink.

Jack makes the payment and watches as the saleswoman creatively wraps the gifts in glossy paper.

3
HIDE AND SEEK
HOUSE AND FURNITURE

Rose, l'enseignante et ses douze élèves sont chez la **maison** de l'avocat. Ils sont tous réunis autour d'une **table** dans le **salon**. Leurs yeux sont fixés sur la main de l'avocat, il leur montre un tour de magie. Les enfants sont très intéressés par le tour.

« Je vais maintenant déposer ces pièces de monnaie dans ma main sur le **tapis**. Faites attention aux pièces. Gardez les yeux fixés sur elles quand elles quittent ma main et tombent sur le tapis en dessous. » dit l'avocat.

Tous les spectateurs sont curieux et excités. L'avocat s'assoit sur le **canapé** et libère une pièce de sa main. La pièce se déplace vers le bas, mais s'arrête dans l'air à mi-chemin. La pièce reste dans l'air et ne tombe pas.

« Wow! » s'écrient les enfants.

Il fait tomber une autre pièce et elle ne tombe pas non plus. Tous les enfants applaudissent avec étonnement.

« C'est incroyable ! » dit l'enseignante. « Comment avez-vous appris cela ? »

« Mon oncle était magicien, et il m'a appris des trucs. »

L'enseignante et l'avocat commencent à parler de magie et les enfants commencent à courir dans la maison de l'avocat. L'avocat est un homme riche. Son manoir est grand et somptueux. Il y a de beaux **rideaux** et de grandes fenêtres à la française dans le salon. Certains des enfants courent au foyer pour jouer. Il y a un bel aquarium là-bas et ils aiment regarder le poisson. Rose s'ennuie. Elle n'aime pas les tours de magie faciles. Alors, elle décide de passer son temps avec les enfants.

Trois filles sont dans la salle à manger en jouant à la maison. Rose se faufile et les regarde jouer. Elles jouent le rôle d'une mère et de ses deux filles. Elles ont une petite **cuisine** dans un coin où la mère cuisine. Les deux enfants attendent à table. Leur mère est sur le point de leur donner à manger.

C'est tout ce que Rose peut voir et cela ne l'aide pas à éloigner son esprit de son exposition à Berlin. Elle se demande pourquoi Jack n'est pas encore revenu avec les billets. Elle se promène dans la maison. Les **murs** sont ornés de belles peintures, Rose admire chacune d'elles. Rose aime une **peinture** en particulier. C'est une grande peinture en verre d'une femme avec son chien.

« Voulez-vous jouer à cache-cache avec nous ? » demande un petit garçon à Rose.

Rose est surprise. Elle ne sait pas quoi dire. Il y a longtemps qu'elle n'a pas joué à des jeux pour enfants.

« Vous n'aimez pas jouer à cache-cache ? » dit le garçon.

« Non, ce n'est pas vrai. J'ai beaucoup joué quand j'étais enfant comme toi », répond Rose.

« Jouez avec nous maintenant. »

« D'accord. Allez ! Jouons ! »

Le garçon court appeler tous les autres enfants. Ils courent vers Rose et le garçon dit :

« Nous nous cacherons autour de la maison et Rose commencera à nous chercher après 5 secondes. Prêt ? »

« Oui ! Commençons ! » crient tous les autres enfants avec enthousiasme.

« Ajoutons une touche au jeu », suggère Rose. « Ajoutons une limite de temps à la recherche. »

« Wow ! Ce sera très intéressant ! Combien de temps aurons-nous ? » demande un enfant.

« Dix minutes, d'accord ? » dit Rose.

« Oui ! », s'écrient les enfants avec enthousiasme.

« Je vais mettre un minuteur sur mon téléphone et quand il sonnera, votre temps est écoulé ! » dit Rose.

« D'accord ! » répondent-ils et le jeu commence.

Rose ferme les yeux et commence à compter, « 1… 2… 3… 4… 5… »

Tous les enfants se cachent autour de la maison. Rose commence à chercher.

« Où êtes-vous, les enfants ? » s'écrie Rose et ouvre la **porte** d'une **chambre**.

Elle regarde sous le **lit** et ne trouve personne. La chambre a des murs plats et pas de **meubles**, alors Rose sort et entre par la porte à côté. Celle-ci est sombre sans fenêtres, et il n'y a qu'une seule lampe allumée. Rose trouve la pièce un peu effrayante, mais elle regarde autour d'elle. Il n'y a pas d'enfants ici non plus. La maison de l'avocat a seulement un salon, une salle à manger et une cuisine autre que ces deux chambres au rez-de-chaussée. Elle entre dans la cuisine et trouve un grand **réfrigérateur**, quelque chose qui cuit dans le **four**, un lave-vaisselle rempli de **vaisselle**, comme des **assiette**s, des **bols** et des cuillères, et une femme plaçant une tranche de pain dans un **grille-pain**. Toutes les **étagères** et les zones de stockage sont sans volets, alors Rose décide de chercher ailleurs.

« Mais il n'y a nulle part ailleurs où chercher au rez-de-chaussée ! » s'émerveille Rose.

Elle regarde autour d'elle pour voir s'il y a un escalier menant au premier étage et elle en trouve un dans un coin. Il ne reste que cinq minutes à l'horloge, alors Rose se précipite dans les escaliers. Tout est calme là-bas. La première chose qu'elle trouve au premier étage, c'est une porte. Elle l'ouvre et c'est une salle de bain. Elle trouve la **salle de bain** assez bizarre. Il y a un **évier de cuisine** là, un **miroir** et une **télévision** cassée.

« Cela ressemble davantage à une réserve. Mais où sont les enfants ? » se demande Rose.

Elle sort de la salle de bain et voit que le reste du premier étage est complètement vide. Il y a des toiles d'araignées partout et il n'y a pas de **lumières** là-bas. Elle aperçoit une **chaise** et un **placard** dans un coin. Elle ouvre le placard et trouve deux boîtes de carton : dans une boîte il y a un **climatiseur** et dans l'autre un **radiateur**.

« Étrange ! » pense-t-elle.

Elle trouve aussi une **couette**, un coussin, des **draps**, des **taies d'oreiller** et des **housses de couette**.

La minuterie sonne et Rose n'a pas le temps de chercher les enfants. Rose décide d'abandonner et de fermer le placard. À ce moment-là, Rose remarque une porte à l'intérieur de l'armoire. Rose est très surprise de voir la porte.

« Cette maison est si mystérieuse. Dois-je ouvrir cette porte ? » pense-t-elle.

« Non. Ce n'est pas ma maison. Je ne devrais pas l'ouvrir. Mais où sont les enfants ? Pourquoi ne sortent-ils pas ? » se demande-t-elle.

Elle est confuse, mais elle décide finalement d'ouvrir la porte. Elle tourne la poignée, mais la porte est verrouillée. Elle cherche encore les enfants. Elle fouille à la fois le rez-de-chaussée et le premier étage, mais elle ne trouve pas les enfants. L'avocat et le professeur sont encore profondément dans la conversation sur la magie dans le salon. Rose s'inquiète pour les enfants. Elle se rend à la cuisine et demande à la femme : « Avez-vous vu les enfants quelque part ? »

« Je les ai vus jouer dans le **foyer** et dans la salle à manger il y a peu de temps », répond-elle en cuisinant quelque chose sur la **plaque chauffante**.

« Je les ai également vus à ce moment-là, mais après cela, nous avons commencé à jouer à cache-cache. Ils ne sont plus à la maison maintenant », dit Rose.

« Où peuvent-ils aller ? Ils doivent être juste ici. Laissez-moi chercher », dit la femme et commence à chercher.

Elle fouille toutes les pièces, mais on ne trouve pas les enfants. Rose est très anxieuse.

« Comment vais-je le dire à l'enseignante ? » demande Rose à cette autre femme.

« Ne vous inquiétez pas. Allez-y et dites-lui que ce n'est pas votre faute », dit la femme.

« Non. Je ne peux pas. C'est ma faute. Tous les parents me blâmeront. »

« Écoutez, Rose. Si vous le dites à l'enseignant tout de suite, nous pouvons commencer à chercher les enfants plus rapidement. L'avocat peut aussi nous aider. Alors, ne vous inquiétez pas. Il suffit d'aller leur dire », dit la femme.

Rose respire profondément et marche vers le salon.

SUMMARY

Rose, la professeure et tous les douze enfants sont dans la maison de l'avocat. L'avocat leur montre des tours de magie et ils en profitent tous. L'avocat et la professeure commencent à parler de magie, mais Rose n'est pas intéressée par cette conversation. Rose décide de jouer à cache-cache avec les enfants. Ils discutent des règles du jeu et les enfants vont se cacher dans la maison. Rose est la chercheuse. Elle commence à chercher les enfants dans la cuisine, la chambre, les différentes parties du rez-de-chaussée, et même au premier étage de la maison. Malgré ses efforts, elle ne les trouve pas et devient anxieuse. Elle demande à une femme dans la cuisine de l'aider, mais elles sont toujours incapables de trouver les enfants.

———

WORDS TO REMEMBER

-

1. **Maison** - House
2. **Canapé** - Sofa
3. **Table** - Table
4. **Table à manger** - Dining table
5. **Tapis** - Carpet
6. **Télévision** - Television
7. **Climatiseur** - Air-conditioner
8. **Radiateur** - Heater
9. **Évier de cuisine** - Kitchen sink
10. **Miroir** - Mirror
11. **Réfrigérateur** - Refrigerator
12. **Grille-pain** - Toaster
13. **Four** - Oven
14. **Placard** - Cupboard
15. **Étagères** - Shelves
16. **Rideaux** - Curtains
17. **Lumières** - Lights
18. **Salon** - Living room
19. **Chambre** - Bedroom

20. **Foyer** - Foyer
21. **Cuisine** - Kitchen
22. **Salle de bain** - Bathroom
23. **Lit** - Bed
24. **Taies d'oreiller** - Pillowcases
25. **Housses de couette** - Duvet covers
26. **Draps (de lit)** - Bed Sheets
27. **Plaque chauffante** - Hotplate
28. **Vaisselle** - Dishes
29. **Bols** - Bowls
30. **Plaques** - Plates
31. **Murs** - Walls
32. **Porte** - Door
33. **Meubles** - Furniture
34. **Peinture** - Painting
35. **Chaise** - Chair
36. **Couette** - Quilt

QUESTIONS

1. Que fait le groupe dans le salon?

- a. Dîner
- b. Regarder la télévision
- c. Regarder un tour de magie
- d. Jouer

2. Quel objet l'avocat utilise-t-il dans sa magie?

- a. Un papillon

- b. Une cuillère
- c. Une pièce de monnaie
- d. Un anneau

3. Quel jeu Rose joue-t-elle avec les enfants?

- a. Cache-cache
- b. Tennis
- c. Football
- d. Ludo

4. Où Rose cherche-t-elle d'abord les enfants?

- a. Sous le lit
- b. Derrière les rideaux
- c. Dans la salle de bain
- d. Dans l'armoire

5. Pourquoi Rose est-elle anxieuse?

- a. Parce qu'elle est malade
- b. Parce qu'elle ne trouve pas les enfants
- c. Parce qu'elle s'ennuie
- d. Parce qu'elle n'a pas d'amis

―――

ANSWERS

1. **c.** Regarder un tour de magie
2. **c.** Une pièce de monnaie
3. **a.** Cache-cache
4. **a.** Sous le lit
5. **b.** Parce qu'elle ne trouve pas les enfants

ENGLISH TRANSLATION

Rose, the teacher, and her twelve students are at the lawyer's house. They are all gathered around a table in the living room. Their eyes are fixed on the lawyer's hand. He is showing them a magical trick. The children are very interested in the trick.

"I will now drop these coins in my hand on the carpet. Pay attention to the coins. Keep your eyes fixed on them as they leave my hand and fall down on the carpet below." the lawyer says.

All the viewers are curious and excited. The lawyer sits down on the sofa and releases one coin from his hand. The coin moves downwards but stops in the air mid-way. The coin stays in the air and doesn't fall down.

"Wow!" the children exclaim.

He drops another coin, and that doesn't fall as well. All the children clap their hands in amazement.

"This is amazing!" says the teacher. "How did you learn this?"

"My uncle was a magician, and I learnt tricks from him."

The teacher and the lawyer start talking about magic

and the children begin running around playing in the lawyer's house. The lawyer is a rich man. His mansion is large and lavish. There are beautiful curtains and large French windows in the living room. Some of the children run to the foyer to play. There is a beautiful fish tank there, and they enjoy watching the fish. Rose is bored. She doesn't enjoy easy magic tricks. So, she decides to spend her time with the children.

Three girls are in the dining area enjoying a game of playing house. Rose sneaks in and watches them play. They are role-playing a mother and her two daughters. They have a little kitchen in one corner where the mother is cooking. The two children are waiting at the dining table. Their mom is about to give them food. That's all Rose can see and it doesn't help to take her mind away from her exhibition in Berlin. She wonders why Jack hasn't returned with the tickets yet. She walks around the house. The walls are adorned with beautiful paintings. Rose admires each one of them. Rose loves one painting in particular. It is a large glass painting of a woman with her dog.

"Will you play hide and seek with us?" one little boy asks Rose.

Rose is surprised. She doesn't know what to say. It has been ages since she has played little children's games.

"You don't like playing hide and seek?" the boy says.

"No, that's not true. I played a lot of it when I was a child like you," Rose replies.

"Play with us now."

"Ok. Come on! Let's play!"

The boy runs to call all the other children. They excitedly run towards Rose and the boy says,

"We will hide around the house and Rose will start looking for us at the count of 5. Ready?"

"Yay! Let's begin." all the other children yell excitedly.

"Let's add a twist to the game," Rose suggests. "Let's add a time limit to the search."

"Wow! That will be very interesting! How much time will we have?" one child asks.

"Ten minutes. Ok?" Rose says.

"Yes," the children cry out excitedly.

"I'll put a timer on my phone and when it rings, your time is up!" says Rose.

"Ok!" they reply and the game begins.

Rose closes her eyes and starts counting, "1... 2... 3... 4... 5..."

All the children hide around the house. Rose starts searching.

"Where are you children?!" exclaims Rose and opens the door of one bedroom.

She looks under the bed and finds no one. The room has plain walls and no furniture, so Rose walks out and enters the door next to it. This one is dark without any windows, and there is just one burning lamp. Rose finds the room a bit scary but she looks around it. There are no children here either. The lawyer's house only has a living room, dining room, and a kitchen other than these two rooms on the ground floor. She walks into the kitchen and finds a large refrigerator, something cooking in the oven, a dishwasher full of dishes, like plates, bowls, and spoons, and a woman placing a slice of bread inside a toaster. All the shelves and storage areas are without shutters, so Rose decides to search elsewhere.

"But there is nowhere else to search on the ground floor!" Rose wonders.

She looks around to see if there is a flight of stairs leading to the first floor, and she finds one in a corner. There are only five minutes left on the clock, so Rose rushes up the stairs. Everything is quiet there. The first thing she finds on the first floor is a door. She opens it, and it is a bathroom. She finds the bathroom to be quite weird. There is a kitchen sink there, a mirror, and a broken television.

"This seems more like a storeroom. But where are the children?" Rose thinks to herself.

She walks out of the bathroom and sees that the rest of the first floor is completely empty. There are spiderwebs everywhere and there are no lights there. She spots a chair and a cupboard in one corner. She opens the cupboard and finds two carton boxes: in one box there is an air conditioner and in the other a heater.

"Strange!" she thinks.

She also finds a quilt, a cushion, bedsheets, pillowcases, and duvet covers.

The timer rings and Rose has no time to search for the children. Rose decides to give up and close the cupboard. Just then, Rose notices a door inside the cupboard. Rose is very surprised to see the door.

"This house is so mysterious. Shall I open this door?" she thinks.

"No. This is not my house. I should not open it. But where are the children? Why are they not coming out?" she wonders.

She is confused, but she finally decides to open the door. She turns the knob, and the door is locked. She looks for the children once again. She searches both the ground floor as well as the first floor, but she cannot find the children. The lawyer and the teacher are still deep in conversation about magic in the living room. Rose is worried about the children. She walks to the kitchen and asks the woman there, "Did you see the children anywhere around?"

"I saw them playing in the foyer and the dining room a

little while ago," she replies while cooking something on the hotplate.

"I also saw them at that time, but after that, we started playing hide and seek. They are not in the house now," Rose says.

"Where can they go? They must be just here. Let me search," the woman says and starts looking.

She searches every room, but the children are not to be found. Rose is very anxious.

"How will I let the teacher know?" Rose asks this other woman.

"Don't worry. Just go and tell her. It is not your fault," the woman says.

"No. I cannot. It is my fault. All the parents will blame me."

"Listen, Rose. If you tell the teacher right away, we can start looking for the children faster. The lawyer can also help us. So, don't worry. Just go and tell them," says the woman.

Rose takes a deep breath and walks towards the living room.

4
THE SEARCH
QUESTION WORDS

Rose entre lentement dans le salon. Elle ne sait pas comment commencer. L'enseignante et l'avocat sont assis sur le canapé. Ils aiment leur conversation. Rose s'assoit sur une chaise à côté de l'enseignante.

« Nous parlons de magie. Il me parle de ses expériences réelles avec la magie. C'est vraiment fascinant », dit l'enseignante.

Rose gère un sourire.

« **Où** sont les enfants ? Permettez-moi de les divertir avec quelques trucs encore plus excitants ! » dit l'avocat.

« Oh oui ! Les enfants vont vraiment aimer ça ! Vous devriez aussi venir à notre école pour que d'autres enfants puissent profiter de votre magie ! » dit l'enseignante.

« Pas tout de suite, madame. Je vous contacterai une fois que je serai à la retraite », dit l'avocat en riant.

L'enseignante rit aussi. Rose est très bouleversée. Elle n'a pas le courage de parler des enfants à l'enseignante.

« **Combien** d'enfants avez-vous dans votre école ? » demande l'avocat.

« Il y a cinquante élèves. Je suis responsable des douze

élèves ici. Il y a trois autres enseignants pour s'occuper des autres. »

« Et **combien** gagnez-vous ? » demande l'avocat.

« Eh bien, beaucoup moins que vous. Je gagne juste assez pour subvenir à mes besoins et à ceux de ma mère. Nous vivons une vie simple. »

« Le vrai bonheur réside dans les choses simples de la vie, madame. Depuis **combien de temps** enseignez-vous ? »

« J'ai commencé quand j'avais vingt-deux ans et j'en ai cinquante maintenant. Cela fait donc bien vingt-huit ans. J'adore enseigner et j'aime passer du temps avec les enfants », dit l'enseignante.

« Oh ! vous avez cinquante ans ? Vous avez l'air toute jeune ! »

« Merci. C'est un merveilleux compliment. **Quel âge** avez-vous ? » dit l'enseignant en souriant.

« Pouvez-vous deviner ? » dit l'avocat.

« Hum. Environ quarante-cinq ? »

« Parfait ! J'ai quarante-cinq ans », dit l'avocat.

La professeure et l'avocat rient.

« **Comment se fait-il** que les enfants soient si calmes aujourd'hui ? » dit l'enseignante en regardant autour d'elle.

Le visage de Rose devient rouge. Elle commence à transpirer.

« Pourquoi avez-vous l'air si bouleversée ? Que s'est-il passé ? Vous avez l'air inquiète », demande l'avocat à Rose.

« Hum, rien. Je vais bien. En fait, il y a quelque chose que je veux vous dire à tous les deux », dit Rose.

« Oui, s'il vous plaît. Allez-y », dit l'avocat.

« Je jouais à cache-cache avec les enfants il y a peu de temps. J'étais le chercheur dans le jeu, et j'ai dit aux enfants de se cacher. J'ai fouillé toute la maison, mais on ne trouve pas les enfants. Oh, je suis vraiment désolée, madame », dit Rose en pleurant.

« Oh, mon Dieu ! Avez-vous cherché partout dans la maison? » dit la professeure, alarmée.

« Oui, je l'ai fait deux fois. Je ne sais pas où ils sont », dit Rose.

« Je vais avoir des ennuis. Où peuvent aller tous les enfants ? », dit l'enseignante en commençant à chercher les enfants autour de la maison.

Rose rejoint la professeure dans la recherche, tandis que l'avocat reste dans le salon, à réfléchir. Après environ quinze minutes, la professeure revient au salon.

« J'ai besoin de votre aide, monsieur », supplie-t-elle l'avocat. « Je ne peux pas trouver les enfants. Aidez-moi. »

« Avez-vous fouillé à l'extérieur de la maison ? Ils jouent peut-être dans la rue », dit l'avocat.

« Non, je ne l'ai pas fait. Mais je leur avais dit de rester à l'intérieur. Ils vont rarement à l'encontre de mes instructions », dit l'enseignante.

« Peut-être qu'aujourd'hui est cette rare occasion », dit l'avocat.

« Il a raison », dit Rose.

L'enseignante est d'accord et ils vont tous dans la rue pour fouiller. L'avocat les accompagne aussi. Dehors, tout est calme, la rue est complètement vide. La professeure monte et descend la colline en criant le nom de tous les enfants. « Tom ! Ted ! Johnny ! Lizzy ! Sortez, s'il vous plaît. Ne faites pas les imbéciles, les enfants! Cessez vos plaisanteries ! »

Il n'y a pas de réponse. Rose supplie aussi les enfants de sortir, « S'il vous plaît ! Nous vous cherchons tous ! »

L'avocat se tient dans la rue, regardant la scène. Il regarde autour, dans toutes les directions, mais ne dit rien.

« Les enfants ne sont pas dans la rue », dit l'avocat.

La professeure et Rose sont surprises d'entendre cela.

« **Pourquoi** dites-vous cela ? Où sont les enfants alors ? » demande l'enseignante.

« Ils sont dans la maison », répond l'avocat.

« Mais nous avons fouillé toute la maison. Les enfants ne sont sûrement pas à l'intérieur », dit l'enseignante.

« Ils ne sont pas chez moi. »

« Dans quelle maison sont-ils ? » demande Rose.

« La première maison dans la rue. »

« **À qui** appartient cette maison ? Et **comment** savez-vous que les enfants sont là ? » dit l'enseignante.

« Parce que je suis avocat. »

« Oh oui, certainement. Mais pourquoi les enfants iraient-ils là-bas au milieu d'une partie de cache-cache ? » demande Rose.

« Répondez à ma question. **À quelle distance** se trouve cette maison ? » demande l'avocat.

« Peut-être cinq minutes. Mais pourquoi demandez-vous ? » dit l'enseignant.

« **Quand** avez-vous vu les enfants pour la dernière fois? Et **qui** les a vus pour la dernière fois? » demande l'avocat à Rose.

« Je les ai vus avant le match. Mais je ne sais pas si quelqu'un d'autre les a vus après moi. »

« À **qui** ont-ils parlé en dernier ? »

« Je pense qu'ils m'ont parlé en dernier », dit Rose. Elle a très peur. « Mais je n'ai rien fait. Je ne sais pas qui les a emmenés. »

« Cela signifie que les enfants ne se sont pas cachés du tout. Dès que vous avez fermé les yeux, ils sont sortis de la maison en courant. En fait, ils voulaient que vous fermiez les yeux parce que vous les surveilliez. »

« **Pourquoi**? » dit Rose.

« Ils doivent être en danger ! Allons les sauver si vous

êtes sûrs qu'ils sont dans cette maison », dit l'enseignante, inquiète.

« Ils ne sont pas en danger », dit l'avocat.

« **Quoi**? » demande Rose.

« Cette maison est à moi. Les enfants et moi, nous vous avons fait une blague », dit l'avocat en riant.

«Ce n'est pas juste! Vous m'avez fait peur à mort», dit l'enseignante.

Ils se moquent tous.

SUMMARY

Rose veut parler à l'enseignante des enfants disparus, alors elle rejoint l'avocat et l'enseignante dans le salon. Elle écoute leur conversation, mais est incapable de rassembler suffisamment de courage pour leur annoncer la nouvelle. Elle annonce enfin la nouvelle à l'avocat et à la professeure et ils commencent tous à chercher les enfants. L'enseignante est très anxieuse et inquiète. Ils cherchent nerveusement les enfants dans la maison et aussi dans la rue. L'avocat tente de les effrayer davantage et révèle finalement que les enfants sont en sécurité et que c'était une blague qu'il avait prévue avec eux.

WORDS TO REMEMBER

-
   1. **Quoi** - What
   2. **Où** - Where
   3. **Quand** - When

4. Pourquoi - Why
5. Qui - Who
6. Qui - Whom
7. Comment se fait-il /Qu'est-il arrivé - How come
8. Comment - How
9. Lequel - Which
10. À qui - Whose
11. Combien - How much
12. Combien - How many
13. Pourquoi/Pour quelle raison - What for
14. Combien de temps - How long
15. Quel âge - How old
16. À quelle distance - How far

———

QUESTIONS

1. Quel âge a l'avocat?

- a. Trente-cinq ans
- b. Quarante ans
- c. Quarante-cinq ans
- d. Cinquante ans

2. Où Rose s'assoit-elle dans le salon?

- a. Sur le canapé
- b. Sur le fauteuil
- c. Sur le divan
- d. Sur le tabouret

3. Que fait l'avocat lorsque l'enseignante l'invite à montrer ses tours de magie à son école?

- a. Il accepte l'invitation
- b. Il se met en colère
- c. Il insulte la professeure
- d. Il dit poliment qu'il le fera après sa retraite

4. Où l'avocat suggère-t-il de chercher les enfants?

- a. Dans la cuisine
- b. Dans le parc
- c. Dans la rue
- d. Dans le garage

5. Où se cachent les enfants?

- a. Dans l'armoire
- b. Dans la deuxième maison de l'avocat
- c. Sur la terrasse
- d. Personne ne sait

ANSWERS

1. **c.** Quarante-cinq ans

2. **b.** Sur la chaise
3. **d.** Il dit poliment qu'il le fera après sa retraite
4. **c.** Dans la rue
5. **b.** Dans la deuxième maison de l'avocat

ENGLISH TRANSLATION

Rose slowly walks into the living room. She doesn't know how to start. The teacher and the lawyer are seated on the sofa. They are enjoying their conversation. Rose sits on a chair next to the teacher.

"We are talking about magic. He is telling me about his real-life experiences with magic. It's really fascinating," the teacher says.

Rose manages a smile.

"Where are the children? Let me entertain them with a few more exciting tricks!" says the lawyer.

"Oh yes! The children will really enjoy it! You should also come over to our school so that other children can enjoy your magic!" the teacher says.

"Not just yet, madam. I will contact you once I retire," the lawyer says, laughing.

The teacher also laughs. Rose is very distressed. She doesn't have the courage to tell the teacher about the children.

"How many children do you have in your school?" the lawyer asks.

"There are fifty students. I am in charge of the twelve students here. There are three other teachers to take care of the remaining."

"And how much do you make?" the lawyer asks.

"Well, much less than you do. I make just enough to support myself and my mother. We live a simple life."

"Real happiness is in the simple things of life, madam. How long have you been teaching?"

"I started when I was twenty-two and I am fifty now. So it's been a good twenty-eight years. I love teaching and I enjoy spending time with children," says the teacher.

"Oh! You are fifty years old? You look quite young!"

"Thank you. That's a wonderful compliment. How old are you?" the teacher says smiling.

"Can you make a guess?" says the lawyer.

"Uhm. Around forty-five?"

"Perfect! I am forty-five." the lawyer says.

The teacher and the lawyer laugh.

"How come the children are so quiet today?" the teacher remarks looking around.

Rose's face turns red. She begins to sweat.

"Why are you looking so upset? What happened? You look worried," the lawyer asks Rose.

"Uhm, nothing. I am fine. Actually, there is something I want to tell you both," Rose says.

"Yes, please. Go ahead," the lawyer says.

"I was playing hide and seek with the children a little while ago. I was the seeker in the game, and I told the children to hide. I have searched the entire house but the children are not to be found. Oh, I am very sorry about this, madam," Rose says teary-eyed.

"Oh, my goodness! Did you search everywhere in the house?" says the teacher, alarmed.

"Yes, I did twice. I don't know where they are," says Rose.

"I am going to get in trouble. Where can all the twelve of them go?!" the teacher says as she starts looking for the children around the house.

Rose joins the teacher in the search, while the lawyer remains in the living room, thinking. After about fifteen minutes, the teacher comes back to the living room.

"I need your help, sir," she pleads with the lawyer. "I am unable to find the children. Please help me."

"Did you search outside the house? They might be playing on the street." the lawyer says.

"No, I didn't. But I had instructed them to stay inside. They rarely go against my instructions," says the teacher.

"Maybe today is that rare occasion," the lawyer says.

"He is correct," Rose says.

The teacher agrees and they all go out to the street to search. The lawyer also accompanies them. Everything outside is quiet. The street is totally empty. The teacher goes up and down the hill calling out the names of all the children. "Tom! Ted! Johnny! Lizzy! Come out, please. Don't play the fool, children! Stop your mischief!"

There is no answer. Rose also pleads with the children, "Please come out! We are all looking for you!"

The lawyer stands on the street, taking in the scene. He looks around in all directions but says nothing.

"The children are not on the street." The lawyer says.

The teacher and Rose are surprised to hear this.

"Why do you say this? Where are the children then?" asks the teacher.

"They are in the house." the lawyer replies.

"But we just searched the entire house. The children are surely not inside." the teacher says.

"They are not in my house."

"In which house are they?" Rose asks.

"The first house on the street."

"Whose house is that? And how do you know the children are there?" says the teacher.

"Because I am a lawyer."

"Oh yes definitely. But why would the children go there in the middle of a game of hide and seek?" Rose asks.

"Answer my question. How far is that house from here? " the lawyer asks.

"Maybe five minutes. But why are you asking?" says the teacher.

"When did you see the children last? And who do you think saw them last?" the lawyer asks Rose.

"I saw them before the game. But I don't know if anyone else saw them after me."

"To whom did they speak to last?"

"I think they spoke to me last," Rose says. She is very afraid. "But I didn't do anything. I don't know who took them away."

"This means that the children didn't hide at all. As soon as you closed your eyes, they ran out of the house. In fact, they wanted you to close your eyes because you were keeping a watch on them."

"What for?" says Rose.

"They must be in danger! Let's go and rescue them if you are sure that they are in that house." the worried teacher says.

"They are not in danger," the lawyer says.

"What?" Rose asks.

"That house is mine. The children and I played a prank on you both," the lawyer says, laughing.

"This is not fair! You scared me to death," the teacher says.

All of them laugh.

5
THE WEEKEND
LIKES & DISLIKES

L'aventure des enfants disparus est enfin terminée. L'enseignante est dans le garage de l'avocat avec les enfants. L'avocat dort dans sa chambre. Rose est dans la rue en profitant du soleil un vendredi après-midi chaud. Rose **aime** le soleil, mais ses yeux sont sur l'écran de son téléphone portable.

« Bonjour, Rose. La direction a envoyé un autre représentant de l'entreprise pour s'occuper de l'exposition. Vous pouvez retourner à Florence le plus tôt possible. Ne venez pas en Allemagne pour l'exposition. Merci. »

C'est le message sur son écran. Rose est très déçue. Elle **déteste** le système ferroviaire italien. Elle ne se sent pas sûre de son travail dans l'entreprise.

« Bonjour, Rose ! » lui dit une voix par derrière.

Elle ferme le message dans son téléphone et se retourne pour voir qui c'est. C'est Jack. Rose est extrêmement heureuse de le voir. Elle **aime** sa compagnie, donc elle est ravie qu'il soit de retour.

« Bonjour ! Quelle surprise ! Enfin, vous êtes de retour. Je suis heureux de vous voir », lui dit-elle.

Jack sourit et dit : « J'ai des billets pour Berlin pour nous tous. Vous, moi, la professeure et tous les enfants. Nous devrons partir pour l'aéroport dans une heure. L'aéroport est à deux heures de route de ce village. J'ai organisé deux taxis pour le voyage. Ils seront ici dans un moment. »

Rose ne dit rien. Elle n'a pas l'air excitée.

« Qu'y a-t-il ? N'êtes-vous pas heureuse de vous en sortir? » demande Jack.

« Mon entreprise a envoyé quelqu'un d'autre pour s'occuper de l'exposition à Berlin. Ils m'ont dit de retourner à Florence. Je ne pense donc pas pouvoir me joindre à vous. » dit Rose.

« Oh… »

« Oui. Je viens de recevoir un message de mon collègue. Je suis désolée du problème. Je vais vous payer mon billet. »

« Ne vous inquiétez pas ! Que comptez-vous faire maintenant? »

« Je n'ai encore rien planifié. »

« Il n'y a pas de vol direct vers Florence depuis cet aéroport », dit Jack.

« Laissez-moi voir ce que je peux faire. Demain c'est samedi, alors je peux prendre mon temps pour me rendre à Florence. Je dois aller travailler seulement le lundi. »

« Oui. J'ai moi aussi reporté mes réunions à lundi. Il sera tard lorsque j'atterrirai à Berlin ce soir. Ce ne serait donc pas juste pour le client. » Jack explique.

« N'y a-t-il pas un vol pour Berlin pendant la journée ? »

« Malheureusement, non. »

« Nous sommes donc tous libres pendant la fin de semaine », déclare Rose.

« Oui », dit Jack en souriant.

« Vous êtes très chanceux. Vous pouvez profiter de votre fin de semaine à la manière allemande. »

« Oui, mais **je ne préfère** pas être seul en vacances. »

« Oh, je suis le contraire. Voyager seul **ne me dérange** pas. Je suis plus précise sur la destination que sur les gens », dit Rose.

« **Je préfère** passer des vacances reposantes. Passer du temps sur la plage, dans la piscine, et profiter du sable et des vagues sont mes activités préférées. »

« **Je préférerais** passer ma journée au musée à admirer des œuvres d'art et à en apprendre davantage sur l'histoire et la culture. **Je déteste** être oisive », dit Rose.

Jack rit. « Vous êtes vraiment mon opposée polaire », dit-il.

« **Je veux** faire un voyage en solo en Afrique », dit Rose avec enthousiasme.

« Qu'**aimeriez-vous** y voir ? »

« **J'adore** la faune ! Je peux passer toute la journée à observer les animaux et les oiseaux ! »

Jack sourit. « Encore des contraires ! »

« Pourquoi ? **Détestez**-vous la faune ? » demande Rose.

« **Je ne supporte pas** les animaux. J'ai été attaqué par un serpent quand j'étais très jeune et mes expériences avec les animaux de compagnie aussi n'ont pas été géniales », dit Jack.

« Vous devriez faire une randonnée dans la forêt amazonienne une fois. Je suis sûr que vous allez tomber amoureux de tout ce qui est sauvage. »

« **Jamais** ! **Je ne peux tolérer** l'odeur des animaux même pendant une minute. »

« **Je suis fou des** singes et des perroquets. Oh, je les

aime tellement ! Quelle est la seule chose dans la vie **qui vous rend fou**? » demande Rose.

« La mer et ma petite amie », dit Jack.

« **Je ne supporte pas** la sensation de sable sur ma peau. Mais moi aussi, je veux être folle d'un petit ami. » dit Rose.

« Être amoureux, c'est beau ! » s'écrie Jack.

« J'aime le sentiment d'être amoureuse ! J'espère pouvoir en faire l'expérience bientôt. »

« N'avez-vous jamais été amoureuse ? »

« Non, **pas du tout** ! »

« Je suis certain que vous le serez très bientôt. Et quand vous le serez, vous commencerez à aimer la mer », dit Jack.

« Où avez-vous rencontré votre petite amie ? À la plage ? »

« **Beaucoup**! Comment avez-vous deviné ? »

Rose sourit et dit : « Ton amour brille dans tes yeux. »

Jack sourit.

« Ne serait-il pas amusant d'aller en vacances ensemble ? Maintenant que nous sommes amis, je pense que **nous devrions** le faire. »

« Amusant ou pas, je ne sais pas, mais ce sera sûrement une aventure », dit Jack.

Ils rient tous les deux.

« J'ai une idée incroyable ! » dit Rose.

« Quoi ? »

« Faisons de cette fin de semaine une aventure ! Puisque nous sommes tous les deux libres, amusons-nous ! » dit Rose.

« Eh bien, oui ! Bonne idée ! » dit Jack.

Rose est excitée et ouvre une carte sur son téléphone.

———

SUMMARY

Rose reçoit un message de son entreprise disant que quelqu'un d'autre de son bureau a été choisi pour assister à l'exposition. Elle est bouleversée. Jack arrive et elle lui en parle. Jack lui parle du changement dans son horaire de réunion. Ils discutent de leurs préférences de voyage et décident de passer la fin de semaine ensemble.

WORDS TO REMEMBER

1. **Aime** - Likes
2. **Détester/Ne pas aimer** - Dislike
3. **J'adore** - I adore
4. **Je déteste** - I detest
5. **Je préfère** - I prefer
6. **Je ne préfère pas** - I don't prefer
7. **Je ne supporte pas** - I can't stand
8. **Ne me dérange pas** - I don't mind
9. **Je ne peux pas tolérer** - I cannot tolerate
10. **Je veux** - I want
11. **Voudriez vous/aimeriez-vous** - Would you like
12. **Je ne peux pas supporter** - I can't bear
13. **Beaucoup** - Very much
14. **Pas du tout** - Not at all
15. **Jamais** - Never
16. **Qui vous rend fou** – You are mad after
17. **Je suis folle de** - I'm crazy after
18. **Aime** - Loves

19. Elle déteste - She hates
20. Je préférerais - I would rather
21. Nous devrions - We should

QUESTIONS

1. Qu'est-ce que le collègue de Rose l'informe par message?

- a. Que l'exposition est annulée
- b. Que l'exposition est reportée
- c. Que Rose a été congédiée
- d. Que Rose n'a plus besoin de se rendre à Berlin pour l'exposition

2. Que fait Jack au sujet de ses réunions?

- a. Il les reporte à lundi
- b. Il les annule
- c. Il les reporte de quelques heures
- d. Il les reporte à vendredi

3. Qu'est-ce que Rose déteste?

- a. Être inactive pendant les vacances
- b. Visiter un musée en vacances
- c. Apprendre l'histoire pendant les vacances
- d. Apprendre la culture pendant les vacances

4. Lequel des énoncés suivants est vrai?

- a. Rose et Jack sont du même genre
- b. Rose et Jack sont opposés
- c. Rose et Jack sont des ennemis
- d. Rose est la petite amie de Jack

5. Qu'est-ce que Rose et Jack décident de passer ensemble?

- a. Les vacances d'été
- b. Noël
- c. La fin de semaine
- d. Lundi soir

ANSWERS

1. **d.** Que Rose n'a plus besoin de se rendre à Berlin pour l'exposition
2. **a.** Il les reporte à lundi
3. **a.** Être inactive pendant les vacances
4. **a.** Rose et Jack sont opposés
5. **c.** La fin de semaine

ENGLISH TRANSLATION

The adventure of the missing children is over. The teacher is in the lawyer's garage with the children. The lawyer is asleep in his room. Rose is on the street enjoying the sunshine on a warm Friday afternoon. Rose loves the sun but her eyes are on her mobile phone's screen.

"Hi, Rose. The management has sent another representative from the company to take care of the exhibition. You can return back to Florence at the earliest available opportunity. Please do not come to Germany for the exhibition. Thank you."

This is the message on her screen. Rose is very disappointed. She hates the Italian rail system. She feels insecure about her job in the company.

"Hello, Rose!" a voice calls out to her from behind.

She shuts the message in her phone and turns around to see who it is. It's Jack. Rose is extremely happy to see him. She likes his company, so she is delighted that he is back.

"Hi! What a surprise! Finally, you're back. I'm glad to see you," she tells him.

Jack smiles and says, "I have tickets to Berlin for all of us. You, me, the teacher and all the children. We will have to leave for the airport in an hour. The airport is a two-hour drive from this village. I have arranged two cabs for the journey. They will be here in a while."

Rose says nothing. She doesn't look excited.

"What's the matter? Are you not happy you're going to make it?" Jack asks.

"My company has sent someone else to handle the exhibition in Berlin. They have told me to return to Florence. So I don't think I can join you." says Rose.

"Oh… "

"Yes. I just received a message from my colleague. I am sorry about the trouble. I will pay you for my ticket."

"No worries! So what do you plan to do now?"

"I haven't planned anything yet."

"There is no direct flight to Florence from this airport," Jack says.

"Let me see what I can do. Tomorrow is Saturday, so I can take my time to reach Florence. I have to go to work only on Monday." Rose says.

"Yes. I too have postponed my meetings to Monday. It will be late by the time I land in Berlin tonight. So, it wouldn't be fair for the client." Jack explains.

"Isn't there a flight to Berlin during the day?"

"Unfortunately, no."

"So we're all free during the weekend," Rose remarks.

"Yes." Jack says smiling.

"You are so lucky. You can enjoy your weekend the German way." Rose says.

"Yeah, but I don't prefer holidaying alone."

"Oh, I am the opposite. I don't mind traveling alone. I am more particular about the destination than the people," Rose says.

"I prefer relaxing holidays. Spending time on the beach, in the pool, and enjoying the sand and the waves are my favorite activities."

"I would rather spend my day in the museum admiring art pieces and learning about history and culture. I detest being idle," Rose says.

Jack laughs. "You are truly my polar opposite," he says.

"I want to go on a solo trip to Africa," Rose says excitedly.

"What would you like to see there?"

"I adore wildlife! I can spend all day watching animals and birds!"

Jack smiles. "Opposites again!"

"Why? Do you dislike wildlife?" Rose asks.

"I can't stand animals. I was attacked by a snake when I was very young, and my experiences with pets haven't been great too." Jack says.

"You should go on a trek in the Amazon rainforest once. I am sure you will fall in love with everything wild."

"Never! I cannot tolerate the smell of animals even for a minute."

"I am crazy about monkeys and parrots. Oh, I love them so much! What's the one thing in life you are mad about?" Rose asks.

"Uhm… The sea and my girlfriend," Jack says.

"I can't bear the feeling of sand on my skin. But I too want to be crazy about a boyfriend," Rose says.

"Being in love is beautiful!" Jack exclaims.

"I love the feeling of being in love! I hope I get to experience it soon." Rose says.

"Haven't you been in love ever?"

"No. Not at all!"

"I am certain you will very soon. And when you do, you will start loving the sea." Jack says.

"Where did you meet your girlfriend? On the beach?"

"Very much! How did you guess?"

Rose smiles and says, "Your love shines in your eyes."

Jack smiles.

"Wouldn't it be fun to go on a holiday together? Now that we are friends, I think we should."

"Fun or not I don't know, but it will surely be an adventure," Jack says.

Both of them laugh.

"I have an amazing idea!" Rose says.

"What?"

"Let's make this weekend that adventure! Since both of us are free, let's have some fun!" Rose says.

"Well, yeah! Good idea!" Jack says.

Rose is excited and opens a map on her phone.

6

THE ADVENTURE
PREPOSITIONS + TO
BE/TO HAVE

Jack et Rose regardent la carte de l'Italie et des pays qui l'entourent. Il y a tellement d'endroits où aller, ils se sentent confus. Ils sont incapables de décider lequel, **parmi** les différents endroits, est bon pour eux.

« Je pense que ce n'est pas une bonne idée d'utiliser cette carte pour choisir une destination », dit Rose.

« Je suis d'accord. Que faisons-nous alors ? » dit Jack.

« Je ne pense pas qu'il y ait d'agent de voyage ici qui puisse nous aider. »

« Il y en a un. »

« Qui est-ce ? Connaissez-vous l'adresse de leur bureau ? » demande Rose.

« Oui, c'est monsieur Google. Et il vit ici, dans ma poche », plaisante Jack.

Rose rit. Elle s'amuse. Jack ouvre son téléphone et commence à naviguer.

« **Nous avons** donc deux jours de libres. Voulez-vous faire un voyage d'une journée ou de deux jours ? » demande Jack.

« Puisque nous devons tous les deux nous rendre à

Florence, nous pouvons faire un voyage dans un endroit proche de la ville. Après avoir passé le samedi et la moitié du dimanche **à** notre destination, nous pourrions nous rendre directement à Florence **à partir de** là. Qu'en pensez-vous ? »

« Excellente idée ! » dit Jack.

« **Je suis** une personne aventureuse. J'adore les surprises ! Alors, faisons-le. Planifiez le voyage, mais ne me dites rien maintenant. Ce sera très amusant ! » dit Rose.

« **Êtes-vous** certaine de vouloir vous fier à mon choix ? Nous nous connaissons à peine. »

« Je suis tout à fait certaine. Nous ne nous connaissons pas très bien, mais **nous** ne **sommes** pas non plus des étrangers. »

« Très bien, alors ! Je vais le faire. »

« Mais s'il vous plaît, n'incluez pas les voyages en train ou en avion. Nous ne voulons pas de retards ni d'escales. Mon patron me congédiera sûrement si je ne me rends pas **au** travail lundi matin », dit Rose.

« Terminé ! Préparez-vous pour l'aventure ! » dit Jack en un clin d'œil.

Rose, **elle est** impatiente de savoir où Jack l'emmènera.

« **Avant de** commencer à réserver, je pense que nous devrions demander à l'enseignante et aux enfants s'ils aimeraient se joindre à nous pour ce voyage. »

« Uhm… Je pense que oui. Mais je pense qu'ils ne voudront pas venir avec nous. L'enseignante a un horaire qu'elle doit suivre », dit Rose, en pensant secrètement qu'elle ne veut pas d'eux sur ce voyage.

« Permettez-moi tout de même de poser la question à l'enseignante » dit Jack alors qu'il commence à marcher **vers** le garage. Rose s'assoit sur un rocher sous un arbre et attend son retour. Elle a des sentiments pour Jack maintenant. Elle le regarde marcher **à côté de** la rangée de buissons de fraises puis dans le garage. Elle rêve du voyage alors qu'elle regarde les belles branches au-dessus d'elle, dansant dans le vent.

« **Il est** si charmant ! » se dit-elle.

Après environ une dizaine de minutes, Jack sort du garage avec la professeure. Les douze enfants sont derrière eux et **ils ont** leurs sacs dans leurs mains. Elle regarde la professeure et lui sourit, mais **dans** son cœur, elle n'est pas heureuse parce qu'elle sait que la professeure et les enfants viennent avec eux.

« Faites vos valises, Miss Rose ! Nous partirons **dans** 30 minutes. Nous devons atteindre notre destination avant la tombée de la nuit », lui dit Jack.

« Oh oui ! Je suis tellement excitée ! Je serai prête. »

Elle passe à côté du groupe et entre chez l'avocat pour aller chercher ses sacs. Elle sort rapidement son sac de sous la table et y range ses affaires. Elle passe ensuite un peigne **à travers** ses cheveux noirs brillants et sort de la maison avec ses sacs. Elle voit une voiture vide stationnée et une camionnette où les enfants sont assis avec leur professeure. Elle regarde les visages innocents des enfants et se sent triste. Elle se rend compte qu'elle était égoïste. Elle veut maintenant qu'ils viennent en voyage. L'enseignante saute du fourgon et accourt **vers** Rose.

Elle place la main de Rose **entre** les siennes et dit : « C'était vraiment un plaisir de vous rencontrer et de passer du temps **avec** vous. J'espère vous revoir. »

« Est-ce que vous et les enfants ne vous joignez pas à notre voyage ? » demande Rose, surprise.

« Non, ma chère. Nous devons partir. »

« **J'ai** une idée ! Pourquoi ne vous joignez-vous pas à nous pour une journée, puis partez ? Vous avez deux jours avant la semaine scolaire. Je pense que Jack vous a parlé du voyage, n'est-ce pas ? **Il a** prévu quelque chose de vraiment excitant ! »

« L'école et les parents **de** ces enfants veulent que nous revenions immédiatement. **Ils sont** inquiets pour les petits », dit l'enseignante.

Rose donne une étreinte **à** l'enseignante et aux enfants. L'avocat et Jack leur disent également au revoir. La fourgonnette transportant l'enseignante et ses élèves démarre et s'éloigne. Jack et Rose remercient également l'avocat pour sa gentillesse et son hospitalité. Ils chargent leurs bagages dans la voiture stationnée et partent. L'avocat regarde la voiture descendre la colline et disparaître au loin.

SUMMARY

Jack et Rose commencent à planifier un week-end. Rose dit qu'elle aime les surprises et les aventures et elle demande à Jack de planifier le voyage sans lui en parler. L'enseignante et les douze enfants ne les rejoignent pas. Tout le groupe fait ses adieux à l'avocat et quitte le village.

WORDS TO REMEMBER

-
1. **Je suis** - I am
2. **Tu es/Vous êtes** - You are
3. **Elle est** - She is
4. **Nous sommes** - We are
5. **Ils/Elles sont** - They are
6. **Il est** - He is

7. **J'ai** - I have
8. **Tu as/Vous avez** - You have
9. **Il a** - He has
10. **Nous avons** - We have
11. **Ils/Elles ont** - They have
12. **À** - To
13. **Autour de** - Around
14. **Dans** - Within
15. **Vers** - Towards
16. **Avant de** - Before
17. **Dans** - In
18. **À** - At
19. **À partir de** - From
20. **Avec** - With
21. **Au** - On
22. **Au dessus** - Above
23. **De** - Of
24. **Sous de** - Under
25. **Parmi** - Among
26. **Dans** - Into
27. **À côté de** - Beside
28. **Hors de** - Out of
29. **Après** - After
30. **À travers/Par** - Through
31. **Entre** - Between
32. **Au dessous de** - Below

QUESTIONS

1. Quel agent de voyage Jack recommande-t-il pour planifier le voyage?

- a. Monsieur Walker
- b. Monsieur Butler
- c. Monsieur Cook
- d. Monsieur Google

2. Qui planifie le voyage?

- a. L'agent de voyage
- b. Jack
- c. Rose
- d. L'avocat

3. Lequel des énoncés suivants est vrai?

- a. Rose éprouve des sentiments particuliers pour Jack
- b. Jack aime Rose
- c. Rose est la sœur de Jack
- d. Jack et Rose sont des ennemis

4. Pourquoi l'enseignante refuse-t-elle de participer au voyage?

- a. Parce qu'elle déteste Rose
- b. Parce qu'elle n'aime pas les vacances
- c. Parce que l'école et les parents des enfants veulent qu'ils reviennent immédiatement

- d. Parce que les enfants ne veulent pas faire le voyage

5. Comment Jack et Rose quittent-ils le village?

- a. En fourgonnette
- b. En train
- c. En avion
- d. En voiture

ANSWERS

1. **d.** Monsieur Google
2. **b.** Jack
3. **a.** Rose a des sentiments particuliers pour Jack
4. **c.** Parce que l'école et les parents des enfants veulent qu'ils reviennent immédiatement
5. **d.** En voiture

ENGLISH TRANSLATION

Both Jack and Rose look at the map of Italy and the countries around it. There are so many places. They feel confused. They are unable to decide which one, among the various places, is right for them.

"I think using this map to choose a destination is not a good idea," Rose says.

"I agree. What do we do then?" says Jack.

"I don't think there is any travel agent here who can help us."

"There is one."

"Who is it? Do you know their office address?" Rose asks.

"Yeah! He is Mr. Google. And he lives right here, in my pocket," Jack jokes.

Rose laughs. She is amused. Jack opens his phone and begins browsing.

"So we have two days to spare. Do you want to take a one-day trip or a two-day one?" Jack asks.

"Since we both have to travel to Florence, we can take a trip to a place close to the city. After spending Saturday and half of Sunday at our chosen destination, we can travel straight to Florence from there. What do you think?"

"Great idea!" says Jack.

"I am an adventurous person. I love surprises! So, let's do this. You plan the trip, but don't tell me anything now. It will be great fun!" Rose says.

"Are you sure you want to rely on my choice? We barely know each other."

"I'm completely sure. We don't know each other well, but we are not strangers either."

"All right, then! I will do it."

"But please don't include train or plane journeys. We don't want any more delays and layovers. My boss will surely fire me if I don't get to work on Monday morning," Rose says.

"Done! Get ready for the adventure!" Jack says with a wink.

Rose is eager to know where Jack will take her.

"Before I start booking, I think we should ask the

teacher and the children if they would like to join us on this trip."

"Uhm... I think so, yes. But I think they will not want to come along with us. The teacher has a schedule that she must follow," says Rose. She doesn't want them on this trip.

"Let me just ask the teacher once," Jack says and begins walking towards the garage. Rose sits down on a rock under a tree and waits for him to return. She has feelings for Jack now. She watches him as he walks beside the row of strawberry bushes and into the garage. She dreams about the trip as she gazes at the beautiful branches above her dancing in the wind.

"He is so charming!" she thinks to herself.

After about 10 minutes, Jack walks out of the garage with the teacher. All the twelve children are behind them and they have their bags in their hands. She looks at the teacher and smiles, but within her heart, she is not happy because she knows the teacher and the children are coming along with them.

"Pack your bags, Miss Rose! We will leave in 30 minutes. We have to reach our destination before nightfall," Jack tells her.

"Oh yes! I am so excited! I will be ready."

Off she goes past the group and into the lawyer's house to fetch her bags. She quickly pulls out her bag from below the table and puts in her belongings. She then runs a comb through her glossy black hair and steps out of the house with her bags. She sees an empty waiting car and a van where the children are seated with their teacher. She looks at the innocent faces of the children and feels sad. She realizes that she was being selfish. She now wants them to come along on the trip. The teacher jumps out of the van and comes running towards Rose.

She places Rose's hand between hers and says, "It was

really a pleasure meeting you and spending time with you. I hope to see you again."

"Are you and the children not joining us on our trip?" Rose asks in surprise.

"No, dear. We have to go."

"I have an idea! Why don't you join us for a day and then leave? You have two days before the school week. I think Jack spoke to you about the trip, right? He has planned something really exciting!"

"The school and the parents of these children want us to return immediately. They are worried for the little ones," says the teacher.

Rose hugs the teacher and the children. The lawyer and Jack too, they bid them goodbye. The van carrying the teacher and her students speeds away. Jack and Rose also thank the lawyer for his kindness and hospitality. They load their bags into the waiting car and depart. The lawyer watches as the car travels downhill and disappears into the distance.

CONCLUSION

Congratulations! You have done it!

Reading and understanding a whole story comprising seventeen chapters and several phrases and dialogues in a new language is not easy. Thanks to your efforts, you now know what to say when you meet someone, how to discuss the weather and food, how to ask for directions, how to speak to the salesperson at a shopping mall, how to express your emotions, what to say when you fall in love with someone, and so much more. Through Jack and Rose's story, you have experienced many real-life situations in this new language. You might not have understood each and every word in the book, but what you have accomplished is commendable! You have managed to learn a new language on your own without the help of any teacher and outside of a classroom setting.

Now what?

Now, it's time to practice!

Pick out all those aspects of the book that you didn't understand completely and attempt to master them. Try interacting with a native speaker. Expose yourself to videos, movies, and articles in this new language and try to pick up as much as you can. Every effort you make will take you closer and closer to the ultimate goal of perfection and fluency. No one can learn a language in the space of a few weeks. Even native speakers who are fluent have mastered the language over many years. So, don't feel discouraged. It's normal to find this experience challenging at times, it's normal to forget a few words here and there, and it's normal to make mistakes. Every time you practice, you grow. This gradual growth will eventually take you up there to the pinnacle of success in your language learning journey. Don't give up and don't settle for the ordinary because the best things in life lie on the other side of hard work and patience.

What's next?

There are four books in this series - all packed with short stories and dialogs - that focus on everyday Spanish, ensuring that you learn the basics of the language.

Search for **Language Mastery** to find the rest of the books in the series, as well as dozens of other resources. To continue your language learning journey, simply add the book to your library. We have a book collection, which you can find on your favorite online bookstore or library, that outlines practical steps that you can take to keep learning any language. If you are ever lost or in need of new ideas or direction, we suggest you consult our book collection or just send us an email, we will be there to help you.

Your biggest fan,
Language Mastery!

ALSO BY
LANGUAGE MASTERY

SPANISH TITLES

SPANISH 1. **Spanish Short Stories for Beginners:** *Over 100 Conversational Dialogues & Daily Used Phrases to Learn Spanish. Have Fun & Grow Your Vocabulary with Spanish Language Learning Lessons!*

SPANISH 2. **Conversational Spanish Dialogues:** *Over 100 Conversations and Short Stories to Learn the Spanish Language. Grow Your Vocabulary Whilst Having Fun with Daily Used Phrases and Language Learning Lessons!*

SPANISH 3. **Learn Spanish with Short Stories:** *Over 100 Dialogues & Daily Used Phrases to Learn Spanish in no Time. Language Learning Lessons for Beginners to Improve Your Vocabulary & Speak Spanish Like a Native!*

SPANISH BUNDLE. **Learn Spanish for Beginners:** *Over 300 Conversational Dialogues and Daily Used Phrases to Learn Spanish in no Time. Grow Your Vocabulary with Spanish Short Stories & Language Learning Lessons!*

FRENCH TITLES

FRENCH 1. **French Short Stories for Beginners:** *Over 100 Conversational Dialogues & Daily Used Phrases to Learn French. Have Fun & Grow Your Vocabulary with French Language Learning Lessons!*

FRENCH 2. **Conversational French Dialogues:** *Over 100 Conversations and Short Stories to Learn the French Language. Grow Your Vocabulary Whilst Having Fun with Daily Used Phrases and Language Learning Lessons!*

FRENCH 3. **Learn French with Short Stories:** *Over 100 Dialogues & Daily Used Phrases to Learn French in no Time. Language Learning Lessons for Beginners to Improve Your Vocabulary & Speak French Like a Native!*

FRENCH BUNDLE. **Learn French for Beginners:** *Over 300 Conversational Dialogues and Daily Used Phrases to Learn French in no Time. Grow Your Vocabulary with French Short Stories & Language Learning Lessons!*

ITALIAN TITLES

ITALIAN 1. **Italian Short Stories for Beginners:** *Over 100 Conversational Dialogues & Daily Used Phrases to Learn Italian. Have Fun & Grow Your Vocabulary with Italian Language Learning Lessons!*

ITALIAN 2. **Conversational Italian Dialogues:** *Over 100 Conversations and Short Stories to Learn the Italian Language. Grow Your Vocabulary Whilst Having Fun with Daily Used Phrases and Language Learning Lessons!*

ITALIAN 3. **Learn Italian with Short Stories:** *Over 100 Dialogues & Daily Used Phrases to Learn Italian in no Time. Language Learning Lessons for Beginners to Improve Your Vocabulary & Speak Italian Like a Native!*

ITALIAN BUNDLE. **Learn Italian for Beginners:** *Over 300 Conversational Dialogues and Daily Used Phrases to Learn Italian in no Time. Grow Your Vocabulary with Italian Short Stories & Language Learning Lessons!*

GERMAN TITLES

GERMAN 1. **German Short Stories for Beginners:** *Over 100 Conversational Dialogues & Daily Used Phrases to Learn German. Have Fun & Grow Your Vocabulary with German Language Learning Lessons!*

GERMAN 2. **Conversational German Dialogues:** *Over 100 Conversations and Short Stories to Learn the German Language. Grow Your Vocabulary Whilst Having Fun with Daily Used Phrases and Language Learning Lessons!*

GERMAN 3. **Learn German with Short Stories:** *Over 100 Dialogues & Daily Used Phrases to Learn German in no Time. Language Learning Lessons for Beginners to Improve Your Vocabulary & Speak German Like a Native!*

GERMAN BUNDLE. **Learn German for Beginners:** *Over 300 Conversational Dialogues and Daily Used Phrases to Learn German in no Time. Grow Your Vocabulary with German Short Stories & Language Learning Lessons!*

www.ingramcontent.com/pod-product-compliance
Lightning Source LLC
Chambersburg PA
CBHW071911070526
44583CB00016B/1947